A LA
CHAMBRE DES PAIRS.

PASSÉ, AVENIR.

> Que faut-il donc? Quelque soldat heureux, quelque adroit tribun, ou dans les camps ou dans les carrefours; celui-là promettant guerre et gloire, celui-ci proclamant liberté, prospérité!
>
> Il règne aussitôt: il est déchu, il est supplanté après; sauf à rentrer en lice, à culbuter à son tour le vainqueur d'hier..
>
> Et ainsi de suite, ainsi sans cesse.
>
> (*La Pairie jugée par les pairs.*)

PARIS.

A. PIHAN DELAFOREST,

IMPRIMEUR DE LA COUR DE CASSATION,

rue des Noyers, n° 37.

1831.

« Vous voulez une seconde chambre? Vous avez raison; c'est le frein nécessaire de la chambre élective, c'est l'appui indispensable du trône; c'est le fondement sur lequel il faut asseoir vos libertés, sous peine de les voir périr dans les orages démocratiques. Mais la condition unique de l'existence de cette seconde chambre, c'est l'hérédité. Sans l'hérédité, elle n'aura aucune des conditions que vous lui voulez; sans l'hérédité, vous chercherez en vain à lui donner indépendance et dignité; sans l'hérédité, vous ne faites qu'un ridicule fantôme de chambre des pairs, une section de la chambre élective, ou un sénat impuissant. Ne voyez-vous pas que vos institutions tremblent au moindre souffle? C'est qu'elles n'ont pas de base un peu solide. » (*Débats*, 25 août.)

. . . .

« Aujourd'hui, nous allons paisiblement discuter les conditions essentielles de la pairie, la créer, en quelque sorte; et demain, cette pairie, l'œuvre de nos mains, exigera nos respects, jugera les crimes de l'Etat, fera des lois! Il faudra peut-être que bien des jours se soient écoulés, avant que la marque de la main de l'ouvrier se soit effacée, et que nous consentions à regarder comme indépendant, un pouvoir dont l'existence aura si fort dépendu de notre bon plaisir! Qu'on ne prenne pas ceci en mauvaise part. Mais en vérité, nous faisons la plus grande épreuve à laquelle un peuple se soit soumis; c'est à savoir si la raison humaine à elle toute seule, sans préjugés, sans croyances, sans illusions, cette raison essentiellement critique et défiante, peut suffire à constituer et gouverner le monde! Il n'y aura pas un de ces pouvoirs, quand il demandera obéissance, auquel nous ne puissions répondre : *Qui vous a fait roi?* » (*Débats*, 20 août.)

Vous avez franchi par-dessus le possible, soit pour n'avoir pas su l'envisager, soit pour n'avoir pas osé l'aborder.

Et vous vous perdez, vous êtes perdus dans l'impossible : vrai dédale où chaque pas fait à l'aveugle, tourne d'autant la tête, et rejette loin de l'issue.

Pauvre pairie ! On a tenté de l'affubler en mille et mille façons.

Sera-t-elle héréditaire ou viagère ? Y aura-t-il nomination, illimitation ?

A tout, le sentiment, le bon sens disaient non.

Une fois qu'ils se sont retirés des débats, c'est entre les boules encore incertaines de couleur, qu'il a fallu tirer à la courte paille, pour parvenir à une fin quelconque.

Et le viager est sorti de l'urne, en dépit de l'immense majorité des opinions : celles-ci, tenant à l'hérédité, et celles-là à l'élection (1).

---

(1) « Si le pouvoir royal auquel on conserve le mode de « nomination des pairs viagers, devenait fort, et voulait en « abuser, on ne peut disconvenir qu'avec une chambre rem- « plie de ses créatures, la liberté courrait de grands risques...

« Il faut bien se pénétrer qu'une chambre des pairs « craindra de voir affaiblir sa considération, en provoquant

Et l'illimité a passé : au mépris de tout principe politique, et de l'exemple d'Angleterre, des leçons de France.

Et les catégories sont venues, en manière de fiche de consolation pour les détracteurs de cour, de prime d'encouragement pour les intrigans de chambre.

Si bien que le projet d'article porte un grand air de ressemblance avec quelque enfant conçu en un sein bannal, qui peut se réclamer de tant de pères, et qu'aucun père ne veut reconnaître.

Achevons la triste tâche : entre les têtes, entre les ames, il n'est pour les rapprocher, pour les raccorder, que la justice et la raison : principes communs entre elles ; principes innés dans tous ; principes souvent étouffés et jamais éteints.

Ailleurs, autrement, ce ne sont que passions, qu'intérêts, qu'idées, tous de nature divergente, divellante.

Il n'y avait, ni de l'une, ni de l'autre.

Et voilà qu'au terme de l'accouchement laborieux, l'espèce d'avorton, rencontre un refus d'adoption, dans la famille marquée pour la corvée.

Or, comment s'y prendre?

« la couronne, par sa résistance, à augmenter le nombre de « ses membres. » (*Rapport de la commission.*)

Voilà l'arrêt prononcé contre les pairs viagers ; à la fois nuls en influence vis-à-vis de l'opinion, en indépendance devers le pouvoir. (*De la Chambre inamovible.*)

Il faut ou que la chambre élective, s'érige *ad nutum*, en constituante, afin d'imposer, au lieu de proposer.

Ou que la chambre dite inamovible, soit réformée et transformée, en telle façon qu'elle ne soit plus la même, et qu'elle ne veuille plus de même.

Ce dernier parti est moins logique, et par cela seul est plus politique.

Car, à partir du point de la souveraineté nationale, la chaîne des déductions les plus syllogistiques qu'il y ait, poursuivie d'anneau en anneau, aboutit au morne règne du dernier survivant. (*A la chambre des pairs*, page 8.)

Pourtant qu'en advient-il? que s'ensuit-il?

« Si les banquettes centrales sont dégarnies, si « le scrutin paraît périlleux, un trait de plume « suffit pour couvrir le vide, pour colorer les « boules : le vote s'opère par ordonnance. »

« Le ministre aura gagné la partie; et le roi, « le pays l'auront perdue. C'était le va-tout. » (*la Pairie 1827*.)

Cela fut trop vrai; cela sera vrai encore.

Même, aux temps qui ne sont plus, il y avait une royauté, issue du temps, implantée au sol, et investie ici d'amour, là de respect, dont les droits étaient indéfinis, autant qu'indéfinissables.

Et qu'y a-t-il à cette heure?....

Au fond, au fait, ce mode d'opérer se résout en ceci, que le cabinet s'accorde le pouvoir constituant, après l'avoir dénié à la chambre.

La majorité seule fait nombre, fait compte. Elle était équivoque ; elle devient certaine.

Sa trentaine de pairs en se couvrant des habits commandés à l'avance, ne manque pas de trouver dans les poches, la boule à teinte blanche, et n'hésite pas à la jeter dans l'urne, comme pour se débarrasser du poids.

C'est le cabinet qui vote, par des mains d'emprunt, au moyen de prête-noms.

Ce n'est pas que la mesure soit illégale plutôt que légale, et illicite plutôt que licite, et illégitime plutôt que légitime.

Par la simple raison que tout cela n'existe plus ; qu'en point de droit il n'y a rien, que tout est en point de fait.

Le fait a foudroyé le droit ancien : les temps n'ont point fondé un droit nouveau.

Laissons les vains mots.

Entre l'ignorance entière et la pleine impuissance, au sujet de ce qui adviendra ; l'être honnête n'a qu'un devoir, l'être sensé n'a qu'un besoin, de rentrer dans les voies de l'ordre.

Et cela d'un bord comme de l'autre : tant il y a à douter que tels et tels moyens mènent aux fins ; tant il y a à craindre que toute action n'aboutisse à rebours de l'intention.

Tel est aussi le but du ministre :

A l'égard duquel on doit dire que l'homme est

à juger en raison combinée des forces et des obstacles.

Que l'homme n'est à blâmer, qu'en tant qu'un travers d'esprit le pousse à l'encontre des chances propices, au-devant des périls douteux.

Et n'est à changer, qu'autant qu'on est assuré de mettre en sa place, mieux que lui.

Il veut en finir : il entend profiter du morne état des têtes, pour jeter les bases d'une paix stable.

Mais en France, tout se succède, rien ne se ressemble.

Ainsi, sous la censure de 1827, les esprits abattus, abâtardis ce semble, passèrent en un clin-d'œil à l'état le plus contraire.

Ainsi, lors de la révolution de 1830, les sentimens de liberté, les idées de gloire, ceux-là presqu'éteints depuis trente ans, celles-ci assoupies depuis quinze ans, se sont ranimés, réveillés au plus haut degré.

Dans l'organisation sociale et physique, un travail latent, occulte, s'opère, et au terme fait explosion.

Sans doute, le temps calme, invite à jeter la semence : seulement, et surtout quand le sol est mouvant de sa nature, il faut qu'elle soit de sorte à prendre racine, à s'implanter profondément, pour résister aux ouragans périodiques.

Ici, non-seulement la semence n'est pas viable;

mais encore l'outil, l'instrument qui sert à la répandre, n'est pas sortable.

Au scrutin du Luxembourg, les boules anciennes se tenant presque au pair, n'équivalent en somme qu'à zéro, et n'entrent point en compte.

Ce sont les boules nouvelles qui, seules font la loi, qui viennent faire la loi, d'abord à la chambre, puis à la nation.

Il y a pour résultat,

1°. Que la loi ainsi baclée ne prend pas de force, n'acquiert pas de durée; et honnie, baffouée dès l'origine, passe avant peu aux archives de l'oubli.

2°. Que la prérogative, mot emprunté à d'autres temps, est jugée, est condamnée; son premier acte, son seul acte encore, s'élevant en façon d'accusation.

3°. Que la pairie, ainsi qu'elle est conçue ou plutôt rêvée, est mise à néant, au moment même qu'elle est mise au jour.

Sans parler du terrible coup, du coup fatal peut-être, qui frappe à triple titre sur le pouvoir, dont est émanée la loi, qui a exercé la prérogative, par qui a été instituée la pairie.

Rien au monde ne doit mieux constater par l'exemple, ce qui était avéré en raison, le vice radical du mode de nomination des pairs.

Et ne peut mieux dévoiler au sein des mystères de l'avenir, les conséquences funestes de l'illimitation du nombre.

Le mot n'est pas trop fort : c'en est fait de la pairie, telle qu'on l'a imaginée.

Attaquée par la fournée Decazes, ébranlée par la fournée Villèle, écrasée par l'élimination récente, assommée par la dernière introduction : la pairie a vécu.

Eh ! bon dieu ! mille et mille fois plus puissante et plus tutélaire, de même la royauté a vécu.

De même la mort lui est venue, lui a été donnée par des amis, par des auxiliaires.

Ceux-ci francs et loyaux qui ne tendaient qu'à fortifier les crénaux, et ne parvenaient qu'à miner les fondemens.

Ceux-là cupides et lâches qui n'aspiraient qu'à élever leur existence à son aide, et sous une telle charge, ont fait écrouler l'édifice.

Ainsi il fut pour l'une : ainsi il est pour l'autre.

Dans l'ordre politique, il existe deux sources de vie et de force : qui, tantôt observent l'intermittence, l'une s'arrêtant alors que l'autre coule :

Qui tantôt et surtout à l'époque de transition entre ces deux phases, gardent leur action simultanée, non sans quelque atténuation mutuelle.

Au premier cas, d'une d'entr'elles, et au second cas, d'elles deux, il faut que tout procède.

Ces sources sont la souveraineté nationale et la souveraineté royale.

Or, il est dans la nature de la seconde de comprimer la première : comme il est dans la nature de celle-ci, de s'ouvrir, de jaillir en dépit de celle-là.

Et notez que cet effet s'opère avec d'autant plus de violence, en proportion de la résistance.

Notez que cet effet une fois accompli, peut être ou contenu, ou même suspendu, mais non pas être anéanti.

Après que la source ou le principe de la souveraineté nationale, est venu à se mettre en lumière, en exercice ; c'est nécessité de l'admettre en quelque part, de s'y soumettre en quelque point.

Lors de la restauration, bien que vingt années eussent passé comme par dessus, et l'eussent presque annulé dans la pratique, presque effacé dans la mémoire, il fallut y condescendre.

Ainsi que cela fut fait, par la concession de la charte, soit quant aux droits personnels, soit quant aux pouvoirs publics.

Alors, ce n'était qu'en façon de tolérance pour ainsi dire ; attendu que le principe rival se trouvait en prééminence, en prépondérance.

Maintenant l'état des choses se présente sous la face opposée.

Car, le principe royal étant essentiellement de sorte personnelle, a cessé d'être, en même temps que la personne qui le représentait.

Car, en outre, le principe national l'ayant tourné et débordé, l'ayant subjugué, s'est investi de la puissance suprême, ou du moins supérieure.

Et étant essentiellement de sorte générale, il n'y a moyen de l'abattre d'un seul coup.

De là, ce qui suffisait en 1814 ne suffit plus en 1831.

De là, si l'élection d'une chambre lui fut attribuée, la nomination ou la désignation de l'autre chambre lui incombent.

C'est un calcul à faire.

Les forces de l'un et de l'autre principe sont dans le même rapport, de deux à un, par exemple. Mais, l'excédant de force a passé de l'un à l'autre.

Contre la raison mathématique, il n'y a sophisme qui tienne.

On l'a dédaigné cependant, et les embarras sont survenus, surviendront de plus en plus.

Il y a force dans les choses; il n'y a que faiblesse dans l'homme.

C'est la lutte du pot de fer et du pot de terre.

Combien de puissances réputées en grand renom, et censées de grande valeur, s'y sont brisées!

Seulement, en raison de leur consistance, plus de temps, plus d'efforts sont requis; comme aussi, la ruine, la chute, est plus éclatante, plus décisive,

Une gloire de vingt ans, attendait la prétention de braver les glaces du Nord.

Un ascendant de huit siècles, attendait la tentative de se jouer d'un accès de colère.

A cette heure, qu'on fasse un faux pas, un seul!!!

On parle fort des trois pouvoirs, monarchique, aristocratique, démocratique : et d'autant moins on est entendu des autres, par cela que de plus en plus, on ne s'entend pas soi-même.

Rayez du dictionnaire le mot *pouvoirs* au pluriel ; et inscrivez en place le mot *droits* au pluriel aussi.

S'il y avait trois pouvoirs distincts et rivaux, le pouvoir, être unique, être simple, n'existerait plus.

Les pouvoirs se tiendraient en guerre ; au lieu que le pouvoir maintient la paix.

Il n'y a point de pouvoirs : il y a des droits.

Ces droits doivent être établis par classe, et investis de force et appelés au concours.

A la rigueur, le droit monarchique, eu égard à l'unité de l'être, est plutôt institué pour garder la balance entre les autres droits.

Quant au droit aristocratique, cette expression usée et faussée, doit s'appliquer à toutes les positions supérieures.

A la fois, elles gardent plus en possession, elles offrent plus à la tentation : et par la rupture de leurs relations, la société tomberait dans la misère, dans la barbarie.

Delà, quoique cela puisse choquer, abstraitement parlant, il y a juste motif à tenir le droit aristocratique ainsi entendu, au niveau du droit démocratique.

Lequel, étant aussi mieux défini, embrasse la masse de la population, y compris les classes les plus subalternes.

Maintenant, la démocratie est souveraine de droit, attendu qu'il n'existe qu'une image de royauté, qu'une ombre d'aristocratie.

Et cependant, dans le fait, elle est indûment resserrée au sein d'une classe, sans rapport et même en contraste avec les autres classes.

Encore l'aristocratie, à raison de ses intérêts même, se trouve plus en accord avec lesdites classes.

D'où il y a double motif pour la revêtir d'une existence politique qui soit bastante.

Or, cette existence doit procéder de ce qui possède la vie en propre, et non de ce qui a reçu la vie comme en prêt.

En émanant de la couronne qui n'est elle-même qu'une émanation, ce serait une émanation de second ordre.

Au contraire, en dérivant du peuple, elle s'établit à l'égal de la royauté, comme de la démocratie.

Ici, comme en toutes les œuvres de la nature, le bien et le mal gissent au même siège ; le poison et l'antidote jaillissent de même source.

Rien n'est formidable comme le levier représentatif.

C'est la puissance de trente millions d'hommes, exercée à vrai ou faux titre, en bon ou mauvais sens, par quatre cents personnes.

Sans dire que les quatre cents pensent d'après quarante, et veulent d'après quatre seulement.

Quelle concentration de puissance!

Il n'y a qu'à trembler, purement et simplement : toute prévoyance étant inhabile, toute résistance étant inégale.

Coupez donc le levier et mettez-le en deux mains.

Faites passer le droit aristocratique, ainsi que le droit démocratique, au baptême de la souveraineté nationale.

Autrement, que la nomination des pairs soit assignée à tel mode d'élection, qui en fasse la représentation du droit aristocratique.

Ainsi, une digue sera opposée aux irruptions de l'avenir.

Ainsi, un terme sera imposé aux perturbations du présent.

Voyez les anciens, les nouveaux pairs, divisés entr'eux-mêmes, divisés les uns avec les autres.

Il n'y a que des minorités : il faudrait la presqu'unanimité.

Et là, les sophismes n'ont plus cours, sont sans poids.

Là, des motifs plus hauts ou plus indépendans, mais fort différens de nature, prévalent et décident.

Rien qu'un principe d'ordre transcendant, planant au-dessus de tout, et portant çà et là les espoirs, n'est capable de raccorder, de rallier.

C'est le principe électif :

Lequel, une fois consacré, peut, en raison des temps, être modifié, quant à son exécution; et doit, à travers toutes les chances, demeurer intact en sa conception.

Tout est changé. Les mêmes besoins comme les mêmes moyens, n'existent plus.

« Arrière donc, ces deux espèces d'hommes d'Etat, qui n'entendent pas leur métier, ou n'entendent pas leur devoir.

« Les uns fauteurs de la révolution, dont le génie s'est épuisé ce semble, dans l'acte de la conception, manquent à sustenter leur œuvre à peine naissante.

« Les autres martyrs de la fatalité, sont parvenus seulement à se résigner, et s'arrêtent au rôle de spectateurs, ne s'élèvent point au rang d'acteurs.

« Tous de même, laissent aller la chose publique à travers les hasards périlleux, ou la font aller suivant des règles surannées.

« Nul ne voit que la puissance inexorable du fait, a tout culbuté, a transporté le salut où résidait la perte. » (*La Loi des circonstances*, octobre 1830.)

Alors ces vérités ont été méconnues et probablement, elles le seront maintenant.

Partout, toujours, l'homme perd la chose; et partant, se perd lui-même.

A l'envi, on se fait une passion, de sa religion ; et une religion, de sa passion.

De bonne foi, l'intérêt est pris pour le droit, comme les vœux se confondent avec les espoirs.

Et la raison est tenue sous le joug, la conscience se met au service, de la personnalité.

Le principe de la souveraineté du peuple, installé à titre de dogme suprême, tourne au despotisme, à la tyrannie.

Essentiellement, il est suicide : subséquemment, il devient légicide, liberticide.

Sous son empire, aujourd'hui dévore hier, et demain dévore aujourd'hui, à n'en laisser ni débris, ni traces.

Dès-lors, l'Etat ne peut prendre l'aplomb, ne peut garder l'équilibre que par la lutte de forces bastantes.

Il faut que l'élément de la pairie ou du sénat surgisse de la source même, d'où jaillit l'élément de l'autre chambre.

Même, quant à l'élément de la pairie, la consistance ; la tenacité sont requises à un plus haut degré, que pour l'élément de l'autre chambre.

Car l'office du premier pouvoir est de mettre arrêt, de retenir et contenir ; par cela même que le sort du second, est d'imprimer, de presser le mouvement.

Déja, l'élément de celui-ci est mobile et variable à l'excès, provenant du mode d'élection directe.

Tellement qu'à ne parler que des élections de 1824 et 1827, de 1830 et 1831, si contrastantes entre elles ; la France se voit menacée d'une révolution radicale, en l'un ou l'autre sens, à l'avènement de chaque députation.

C'est à quoi on doit parer, à quoi on ne peut parer qu'au moyen de l'institution du pouvoir permanent.

Qu'y a-t-il en France? Rien qu'une poussière d'exis-

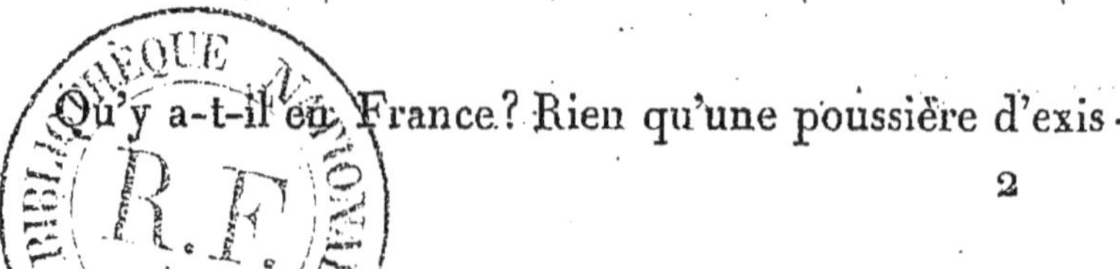

tences éparses, qu'enlève le souffle du vent et qui s'amoncèle en tourbillon.

Il reste à fournir des noyaux d'attraction, à former des centres d'agrégation.

Le sol et le temps ont tracé les provinces : les mœurs et les usages ont rallié les provinces.

L'univers entier en sent le prix, en tire parti : et la France les tient en mépris, en méfiance.

Là seulement, réside la liberté civile, la liberté réelle, la liberté générale et constante.

De là seulement, dérive la liberté politique, si souvent offensive, si souvent oppressive.

Entre les formes républicaines tout-à-fait incompatibles, et les formes monarchiques, à peu près impraticables, se présentent les formes fédératives.

La vieille Suisse, la jeune Amérique, montrent le modèle, apportent la preuve.

Devant la nouvelle ère, au milieu du travail le plus laborieux, telle est la voie qui s'ouvre, telle est la fin qui s'offre.

Qu'on refasse donc les provinces.

Que les états provinciaux soient nommés par les cantons ruraux, par les communes urbaines.

Et qu'ils opèrent le choix sous des formes solennelles; qu'ils méditent le choix à reprises lointaines; qu'ils proclament le choix, d'une voix haute et forte, des membres à vie ou à temps, du pouvoir conservateur et modérateur.

Sans les provinces, point de pairie, point de monarchie, point de patrie;

Sans les provinces, point de nation, du moins en ce sens qu'elle ait opinion, volonté, puissance.

Il s'agit non-seulement d'organiser la pairie, mais encore d'organiser la patrie ;

Ou plutôt celle-là, existence accidentelle et secondaire, ne prendra vie qu'après celle-ci, existence première et essentielle ; attendu qu'elle ne peut tirer vie que d'elle.

Au lieu d'un cercle vicieux, c'est un cercle propice ; l'un et l'autre de même, irrésistibles, inextricables.

Aussi cela sera, cela se fera : mais peut-être à la suite d'affreuses crises, à travers des désastres de toute sorte :

Le pouvoir manquant à son devoir, le droit l'abandonne et passe du bord opposé, consacre un pouvoir ennemi.

Le fédéralisme de 1793, qui éleva la bannière des temps futurs, n'attend pour reparaître, que l'avènement de causes analogues.

Cette fois, il triompherait, la force centrale ayant diminué, la force centrifuge s'étant accrue.

Car les lumières en se propageant, parviennent à prendre le niveau ; et elles fomentent l'union, concentrent les forces, dirigent les actes.

Cela fait, tout est réglé, fini.

Alors, de même qu'à présent, mais par la raison inverse, à peine faut-il parler de la pairie.

La patrie vraiment instituée vit à part de la pairie : au lieu que la pairie constituée au mieux, se meurt à défaut de la patrie.

Mais qu'on voie donc afin de prévoir : qu'on se rappelle donc le passé afin de se représenter l'avenir.

L'arbitraire appelle, amène l'arbitraire : c'est la loi du

talion, toujours équitable en principe, souvent funeste dans les conséquences.

Par exemple, en 1827, un coup de désespoir, autant et plus contraire à l'esprit de la charte que celui de 1830, n'était opposé à la lettre, jette ou vomit, entre les rangs de la pairie, un tiers de nouveaux venus :

Ceux-là triés parmi les châteaux de province, au poids des espèces sonnantes ; ceux-ci marqués sur les bancs de la chambre, d'après la coche courante des votes.

De là, nomination de députés hostiles ; de là, abattement des défenseurs du trône ; de là, concession de lois dites populaires.

Puis, acculement de la royauté au pied du mur ; et pour parler ainsi, rébellion obligée de la royauté ; et avènement d'un cabinet faisant peur par les noms, donnant cœur par les actes.

Enfin, adresse audacieuse en menaces, téméraire en espérances, déplorable en résultats ; après quoi, dissolution, réélection, révolution, réaction.

Le reste est connu. La loi du talion exerce sa justice : on s'étonne à peine, on s'y attendait ce semble, on ne s'oppose nullement.

Le papier et l'esprit passibles au même degré, laissent biffer d'un trait de plume, les quatre-vingts noms inscrits d'un trait de plume.

Pareille chose se reverra, quand pareille chose aura été vue.

« La matière manque à faire une chambre des pairs, à faire une chambre des députés. »

S'il était permis d'indiquer la bouche éminente d'où est sortie cette parole, par cela seul, le nœud serait tranché net : du moins au sujet de la pairie, laquelle agit de son propre mouvement, et ne se nourrit pas d'une force d'emprunt.

Non-seulement la matière en nature d'hommes manque à la confection de la pairie ; mais encore tel est le caractère général de l'espèce, que son emploi tend à vicier, à maléficier l'organisation de la pairie.

Le siècle est dévorant.

Les illustrations de l'antique monarchie, non certes, sans qu'il y ait de leur faute, et par conséquent sans qu'il reste aucun remède, se sont obscurcies, se sont éteintes.

Les glorieuses notabilités de l'empire, car il n'y a pas à parler des honteuses notoriétés de l'époque antérieure, ont pâli, ont passé, à ne plus jeter qu'un reflet équivoque.

Les réputations de la royauté nouvelle, ressuscitées de la monarchie et de l'empire, ou créées pendant la restauration, assez rares d'ailleurs, ont été limées, usées, à ne plus dépasser le niveau commun.

Que dire des renommées fantastiques ou plutôt fantasmagoriques qui soudain viennent à planer comme sur nos têtes, et soudain vont s'enfuir sous les ténèbres éternelles ; dont l'apparition ne date que d'une année?

La révolution a été faite : et le sang a coulé ; et la discorde s'est élevée ; et la ruine s'est répandue ; et l'anarchie s'est propagée ; et l'ordre social est au risque, est en péril.

En tout cela, la bande noire ne voit que son affaire.

Qu'importent le sang et la ruine? les hommes, les écus ne tardent pas à se refaire.

Q'importent la discorde et l'anarchie? le propice

chaos permet aux élémens de se caser à leur rang légitime.

L'ordre social périrait-il? les débris, les décombres exploités avec art, fourniront les premières assises au nouvel édifice.

Et voilà, car ce n'est pas le lieu de dire quelle est l'antipathie au sujet de la liberté et de l'égalité, quelle est l'apathie en fait d'humanité, de moralité :

Voilà, qu'au lieu de l'aristocratie coutumière, qui s'est perdue en se gâtant, en se corrompant, prétend s'installer cette oligarchie innovatrice, qui se perdrait aussitôt par les mêmes causes et par tant d'autres encore.

N'est-ce pas bien naturel? la roue de la fortune, en tournant sur un pivot fixe, a pour office de jeter à bas ceux-ci, de hisser ceux-là en haut.

Rohan et Montmorency, Harcourt et La Rochefoucauld, ces grands noms ont fait leur temps : historiques qu'ils sont, l'histoire les réclame, les reprend.

Retranchez dix siècles, ils nous valaient à peine : ajoutez dix siècles, nous les vaudrons et plus.

Comment? la révolution qui vient de bouleverser la France, l'Europe, l'univers, irait ignoblement aboutir à nicher sur le pavois, à guinder jusqu'aux nues, ceux-là qui l'ont amenée, mais sans le savoir, qui s'y sont ralliés, mais sans le vouloir.

Et il faudrait que le grand peuple, la grande nation, comme on disait, se courbât, se prosternât devant quelques parvenus.

Comment? il a été implanté un roi de sorte nouvelle ou renouvelée; il a été inauguré un Louis-Philippe Ier du nom, en le détachant de sa souche primitive et retranchant les vieilles racines qui tenaient dans le sol.

Et maintenant, au lieu de ces pairs de France, de date immémoriale, d'origine collatérale à l'antique dynastie, il serait pris dans la tourbe commune, à peu près au hasard, des gens à installer en leur lieu, à leur titre.

Comment? elle a été mise à bas, mise à néant, cette caste long-temps puissante, encore opulente, laquelle à l'aide magique d'une succession prolongée de pères en fils, avait été douée de prêter à la pairie de 1814, le caractère au moins apparent de l'hérédité.

Et après que la caste a disparu, après que la magie s'est éteinte, une autre classe qui contraste avec elle sur tous les points, oserait s'imaginer de la remplacer au Luxembourg, de continuer la pairie en une semblable manière.

En ce sujet, le plus grave qu'il y ait, un fou rire s'échappe à tout instant, à entendre ces vieilles et jeunes toges de chaire et de tribune, à la façon de l'astrologue qui lit dans les astres et ne voit pas à ses pieds, s'évertuer à l'effet de fournir quelques étais, à la royauté chancelante à leur dire.

Oubliant trop que le bois dont ils étaient faits, a été consumé par l'incendie et que des siècles sont requis pour élever en nature de forêts, la semence jetée à cette heure.

Esprits sourds que la société appelle à grands cris, et qui ne répondent qu'à la royauté.

Esprits creux, qui par manque de sens, laissent perdre la société, qui devait sauver tout : qui par excès de soins, poussent à sa perte, la royauté qui ne peut rien sauver.

Naguère, ils ont fait les hommes égaux, c'est-à-dire pairs : et maintenant ils font des pairs, à prendre parmi les égaux, à placer au-dessus des égaux.

Naguère, ils ont mis à néant l'hérédité de la couronne : et maintenant ils mettent en lumière, l'hérédité des bonnets à mortier.

C'est pour consolider à jamais le trône, qu'ils imaginent de lui accoler, de coller à lui, des ombres dénuées de puissance, des fantômes dévoués aux répugnances.

Si bien que le trône qui n'avait qu'à se défendre seul, n'aura plus qu'à défendre ses prétendus auxiliaires; que le trône qui avait à prendre quelque repos sous l'abri des vieilles habitudes, aura à soutenir le feu croisé des passions les plus redoutables.

Une telle royauté alliée et liée à une telle pairie, en la soutenant périt par la violence, en la répudiant périt par le mépris.

Sauf que dès l'abord, ces deux existences mal assorties, et, par cela même rendues plus débiles, viennent à se méfier des destins, et s'effacent, s'annulent, dispensant de les anéantir.

Or, le temps vole. Hélas! la royauté native dominerait encore sur l'horizon, éearterait encore les plus sinistres présages, promettrait encore des jours de plus en plus sereins : s'il n'avait été écrit là-haut, qu'un doigt imprudent devait provoquer la foudre, vainement amoncelée depuis quinze ans.

C'est autre chose de nos jours. Justement en proportion de l'intensité relative des forces, l'effet d'un souffle, le bruit d'un écho, l'aspect d'une ombre, équivaudrait à un éclat de tonnerre.

Arrière donc, ces êtres à la vue myope, à l'ouïe dure, vrais eunuques et d'ame et de sens, qui ont fait ce qui est, n'ayant plus à balbutier que ces mots : nous ne savions pas!

Arrière! car il ne leur reste que la langue apte à se retourner en tous sens, habile à dissimuler le vide ou le faux de la pensée, sous les formes magiques de la parole.

Vraiment, il est trop tard.

En brisant, en arrachant et jetant au loin le faîte de l'édifice, l'édifice a été ébranlé jusqu'en ses vives bases, reste sillonné de profondes crevasses.

Il ne sert de replâtrer, de badigeonner, de revêtir d'une ou trois couleurs : il faudrait reprendre sous œuvre la bâtisse, et la fonder sur le sol primitif.

Cette révolution de juillet, si glorieuse peut-être, si peu coûteuse au moins, à l'instar d'un coup de tonnerre qui frappe soudainement, a éclaté, a foudroyé, a consumé ; et plus tôt qu'il n'était convenu, et plus qu'il n'était entendu.

Tardive en une façon, elle apparaissait après une longue ère de servilité vaniteuse, pendant une ère à peu près égale de prospérité attrayante.

De sorte que les volontés étaient peu prononcées au fond et n'ont adhéré que dans la forme.

Précoce sous une autre face, elle s'élevait comme du sein des ténèbres, sous lesquelles l'œil de l'esprit ne s'était pas préparé à fixer une lumière aussi ardente.

De sorte que l'opinion n'en a point compris les causes, n'en a pas saisi les conséquences.

Cette révolution de juillet, vague en ses limites, équivoque en son but, requérait d'être conduite sur une ligne fixe, vers un but certain, et de rencontrer un point d'arrêt irrésistible.

Il fallait à la fois, en faire sortir des résultats sensibles et palpables, pour lui rattacher les intérêts, pour lui rallier les vœux; et, sous l'égide de la popularité ainsi acquise, la fortifier par des moyens capables de prévenir ou de réprimer les tentatives des partis.

Or rien ne s'est fait : si bien que de toute part, on tremble, on doute, on hésite; et que de nulle part, on ne soutient, on ne défend.

Etat de choses redoutable autant que déplorable! ou c'est un jeu de faire coup sur coup des révolutions, ou la dernière faite semble se jeter au-devant de la première à faire, ou quelque fraction de plus en plus minime, doit tour à tour régler les destinées de l'Etat.

Qu'y a-t-il en France?

Du moins ce n'est pas un gouvernement représentatif; car, sous ce mode et par son essence même, les intérêts sont appelés au choix des mandataires, et les mandataires ont la charge de traduire les intérêts, en opinions.

En telle sorte, que les opinions ne se forment plus comme à la surface du cerveau, dans la région des idées abstraites; et n'entrent plus en lice, vouées à se combattre à outrance, faute d'être en état de transiger :

Qu'au contraire, les opinions extraites des besoins réels et positifs, perdent le caractère de l'absolu; et gardent dans leur condition relative, la faculté de traiter à l'amiable, sans être tenues à s'exterminer.

En place, que voyons-nous?

Une partie brouillée au dernier point! une lutte acharnée au sein des ténèbres! une confusion des mots et des idées! une aberration générale et réciproque des esprits : un pêle-mêle constitutionnel! un chaos représentatif.

Sous le titre pompeux de censitaires à vingt pistoles de cote, à Paris les badauds, en province les niais, émigrent de leurs rues ou de leurs paroisses, tantôt engoués de vanité, tantôt embauchés par l'intrigue.

Ils sont bientôt rendus sur le seuil des collèges; et soit qu'ils aient été prêchés au préalable, soit qu'ils viennent à être endoctrinés; de même, s'ils ne nomment pas à tout hasard, ils nomment au premier ordre.

Et voilà la chambre des députés.

C'est M. Thiers qui dit, comment une chambre aussi mouvante, qui est ce qu'elle ne fut pas la veille, ce qu'elle ne sera pas le lendemain, a pu, d'un mot, *forcer la royauté à se suicider*. (13 octobre.)

La question se borne à savoir s'il plaît de recommencer un tel jeu; c'est-à-dire, de jouer, sans cesse et sans terme, les destinées françaises, d'un coup de dés, trop souvent pipés.

Vraiment, quel cœur d'airain ne tremblerait à voir cette chambre taillée à la Gargantua :

« Dont l'élection a presque toujours été faite depuis « quarante ans, sous l'empire du parti dominant, qui a « pour lui l'opinion publique, si facile à égarer, et qui « se montre seul, écarte les autres, entraîne la masse flot- « tante et honteuse. » (*M. Thiers.*)

« Dont la majorité est souveraine, bien qu'à bonnes

« conditions, est maîtresse dans les cas extraordinaires :
« et dans la révolution de juillet, a renversé la branche
« aînée, avec une adresse, avec cette seule phrase : *Le
« concours n'existe plus entre les pouvoirs :* simple
« menace qui l'a forcée à se précipiter dans l'abîme. (*Id.*) »

Il existe une chambre qui, à la façon d'Antée, rien qu'à toucher la terre, s'investit d'une force indomptable : et vous mettez en face, en lutte, une ombre de chambre gisante dans les nues, et flottant à tout vent.

Pour son apprentissage, elle a abattu d'un mot, d'un souffle, cet arbre antique,

..... de qui la tête au ciel était voisine,
Et dont les pieds touchaient à l'empire des morts.

Et maintenant qu'elle est passée maîtresse, vous n'intercallez qu'un fantôme né du bon plaisir, au-devant de cette bouture, depuis peu retranchée du tronc, et implantée dans le sable mouvant.

C'est folie, au dire de toute conscience.

Il y a à retenir, à contenir, cette autorité unique, toute puissante, *qui a forcé la royauté à se suicider*, *qui a forcé la branche aînée à se précipiter dans l'abîme.*

Il y a à faire de la pairie, ni une première, ni une seconde chambre, mais une autre chambre ; une chambre à titre pareil, à pouvoir égal ; une chambre qui, de même, tire son être de ce qui possède la vie ; une chambre enfin, qui ressemble d'origine, et diffère de nature, et balance en puissance.

DE L'IMPRIMERIE D'A. PIHAN DELAFOREST,
rue des Noyers, n° 37.

www.ingramcontent.com/pod-product-compliance
Lightning Source LLC
LaVergne TN
LVHW010310230826
846091LV00007BB/2803
9782011786524